Brigitte Nelich · Doris Velte

# Bastelideen für Indianer Spiele

FALKEN

Zum Thema Basteln mit Kindern sind bei FALKEN zahlreiche weitere Titel erschienen. Hier eine kleine Auswahl:

„Laubsägearbeiten für das Kinderzimmer" (Bd. 5254)
„Windspielzeug" (Bd. 5241)
„Fingerpuppen" (Bd. 5239)
„Hampelmänner" (Bd. 5240)
„Das Fensterbilderalphabet" (Bd. 5242)
„Das 2. farbige Bastelbuch für Kinder" (Bd. 4530)

Die Deutsche Bibliothek – CIP-Einheitsaufnahme

**Bastelideen für Indianerspiele** / Brigitte Nelich ; Doris Velte. –
Niedernhausen/Ts. : FALKEN, 1992
(FALKEN Schönes Hobby)
ISBN 3-8068-5252-9

ISBN 3 8068 5252 9


Titelbild: Michael Zorn, Wiesbaden
Fotos: Michael Zorn, Wiesbaden
Reinzeichnung des Vorlagebogens: Ulrike Hoffmann, Bodenheim
Die Ratschläge in diesem Buch sind von den Autorinnen und vom Verlag sorgfältig erwogen und geprüft, dennoch kann eine Garantie nicht übernommen werden. Eine Haftung der Autorinnen bzw. des Verlags und seiner Beauftragten für Personen-, Sach- und Vermögensschäden ist ausgeschlossen.
Satz: Fotosatz Creatype, Leipzig
Druck: Mairs Graphische Betriebe GmbH, Ostfildern (Kemnat)

817 2635 4453 6271

# INHALT

# AUF DEN SPUREN DER INDIANER

Über unsere Beschäftigung mit dem Thema Indianer wollen wir versuchen, der Natur wieder ein Stück näherzukommen. Auf Streifzügen durch Wald und Feld gibt es nämlich eine Menge Dinge zu entdecken, die wir für unsere Bastelarbeiten verwenden können. Außerdem läßt sich zu Hause vieles finden, was auf den ersten Blick vielleicht nutzlos erscheint, aber mit etwas Geschick und Phantasie eine neue Gestalt anzunehmen vermag. So wird zum Beispiel aus einem ausgedienten Eimer eine Indianertrommel gebastelt und aus zwei alten Kochlöffeln fertigen wir die dazugehörigen Trommelschlegel.
Das Spielen mit unseren selbsthergestellten Utensilien regt uns außerdem dazu an, uns mit der Denk- und Lebensweise der Indianer auseinanderzusetzen. Dabei können wir feststellen, daß diese die Natur genutzt, aber nicht ausgenutzt haben. In unserer heutigen, konsumorientierten Zeit sollten wir uns vielleicht öfter mal daran erinnern.

# MATERIAL UND WERKZEUG

Für die in diesem Buch vorgestellten Bastelarbeiten haben wir überwiegend Sachen verwendet, die man auf Spaziergängen suchen und sammeln kann oder die im Haushalt zu finden sind. Die einzelnen Arbeiten wurden so gestaltet, daß Sie durchaus auch einmal ein anderes als das jeweils angegebene Material nehmen können. Lassen Sie Ihrer Phantasie und vor allem der Ihrer Kinder beim Basteln ruhig freien Lauf.
Die am häufigsten verwendeten Materialien sind Leder- und Stoffreste, Filz, Federn, Porzellan- und Indianerperlen, Woll- und Fellreste sowie Kordel, daneben Äste, Gräser, Bast, Nußschalen, Hülsenfrüchte und Weinkorken. Was Sie im einzelnen für jede Arbeit brauchen, ist auf der betreffenden Seite genau angegeben.
An Werkzeugen benötigen Sie eine Bastelschere, eine Lederlochzange, einen Handbohrer, eine Leder- und eine Nähnadel, einen Bleistift, eine Blumenschere zum Beschneiden der Äste sowie Pritt Alleskleber lösungsmittelfrei.

# KÖRPERBEMALUNG

**Material für je eine Farbe (TL=Teelöffel): 2 TL Gipspulver, 2 TL Wasser, 1 TL Speiseöl, Lebensmittelfarbe, alte Schüssel, Stäbchen zum Rühren, alter Löffel, Alutöpfchen von ausgebrannten Teelichtern, ein weicher dicker Pinsel**

Ursprünglich mischten sich die Indianer ihre Farben für die Körperbemalung aus zermahlenen Mineralien, Fetten und Pflanzenfarben. Sie dienten ihnen nicht nur als äußeres Zeichen dafür, daß sich der Stamm im Krieg befand, sondern auch als Hautpflege- und Sonnenschutzmittel.

Unsere Farben sind etwas einfacher herzustellen, als die der echten Indianer, aber auch nur begrenzt haltbar, da sie nach einiger Zeit austrocknen und das Öl ranzig werden kann.

Die gewünschte Farbe erzielen Sie, indem Sie einen glatten Brei aus Gips, Wasser und Öl in den nebenstehend angegebenen Mengen in einer Schüssel anrühren und ihm während des Rührens einige Tropfen Lebensmittelfarbe hinzufügen. Die fertige Farbe füllen Sie mit einem Löffel in die leeren Alutöpfchen oder andere, dafür geeignete kleine Gefäße. Am besten läßt sich die Farbe mit einem weichen dicken Pinsel auf die Haut auftragen, die zuvor jedoch zum Schutz eingecremt werden sollte.

# NATURPERLENKETTE

**Material:**
**Bohnen, Erbsen, Linsen oder andere Hülsenfrüchte, Maiskörner, einige Weinkorken, verschiedenfarbige Federn, Nähnadeln, Messer, Schere, Pritt Alleskleber**

Ketten und Federn bildeten neben der Körperbemalung den Schmuck, den die Indianer bei festlichen Anlässen trugen.
Zum Nachbasteln dieser Kette weichen Sie die Hülsenfrüchte vor dem Auffädeln am besten kurz in Wasser ein. Die Weinkorken schneiden Sie mit einem Messer in dünne Scheiben. Fädeln Sie nun mit einer Nähnadel die Körner und die Korkscheiben auf. Die Reihenfolge der verwendeten Materialien sowie die Länge der Kette können Sie selbst festlegen.
Unsere Kette besteht aus zwei einzelnen Strängen, die gleich aufgefädelt wurden. Die oberen Garnenden verknotet man nach der letzten „Perle" miteinander, die unteren werden mit der Nadel durch die schmale Seite einer Korkscheibe gezogen und ebenfalls miteinander verknotet. Ein dritter, kürzerer Strang verbindet die beiden Stränge miteinander. Die Federn kleben Sie jeweils an die Unterseite einer Korkscheibe.

# INDIANERKOPFSCHMUCK

**Material: schwarzes Lederband (1,5 x 0,4 m), schwarzes Gummiband, jeweils mindestens 36 verschiedenfarbige Indianer- und 12 verschiedenfarbige Porzellanperlen, rote und blaue Filzreste, farbiger Lederrest, mindestens 16 verschiedenfarbige Federn, Leder- und Perlennadel, schwarzes Nähgarn, Bastelschere, Messer**

Oberhaupt eines Indianerstammes ist der Häuptling. Deshalb trägt er auch den prächtigsten Kopfschmuck. Die Anordnung und die Farben der Symbole sowie die der Federn lassen erkennen, um welchen Stamm es sich handelt. Unser Indianer gehört zu den Roten Adlerfedern. Der große Federkopfschmuck wird aber nur zu ganz bestimmten, wichtigen Anlässen getragen. Ansonsten hält die Haare unseres Indianers nur ein Tuch oder ein Lederband zusammen.

Zum Herstellen des Stirnbandes benötigen Sie ein schmales Lederband, dessen Länge sich nach dem Kopfumfang seines Trägers richtet. Genau in der Mitte des Bandes, dort, wo später die Stirn ist, wird der Adler aufgeklebt, den man vorher vom Vorlagebogen auf roten und blauen Filz übertragen und ausgeschnitten hat. Rechts und links des Adlermotivs werden je fünf Porzellanperlen in der Form eines Büffelhorns aufgenäht, daneben je eine Reihe von 18 aufgefädelten Indianerperlen. Ritzen Sie vor und hinter jeder Reihe mit dem Messer einen kleinen Schlitz ein, durch die nun der Kiel einer Feder gezogen wird. Nähen Sie nun an der Innenseite des Bandes jeweils die beiden Enden eines kurzen Stückes Gummiband an den dafür vorgesehenen Punkten (siehe Vorlagebogen) an. Auf die Nahtstellen werden jeweils von außen eine Porzellanperle sowie in Fransen geschnittene Lederstücke angenäht (siehe Vorlagebogen). Viele farbige Federn, die wie die beiden ersten am Lederband angebracht werden, verzieren die langen Enden, die mit langen, eingeschnittenen Fransen abschließen.

# WASSERFLASCHE

**Material:**
**1 Kindergartenflasche aus Plastik, Kordel, Pritt Alleskleber, grüne, rote und blaue Filzreste, Bleistift, Pappe, Schere, dünnes Lederband, einige verschiedenfarbige Porzellanperlen**

Indianer auf der Jagd finden nicht immer gleich eine Trinkwasserquelle. Deshalb gehört zu ihrer Ausrüstung auch eine Wasserflasche, die früher natürlich aus Tierhäuten angefertigt wurde. Für unsere Version nehmen Sie einfach eine Kindergartenflasche, die rundum mit Pritt Alleskleber bestrichen und dann mit einer Kordel umwickelt wird. Anschließend verzieren Sie die Flasche mit farbigen Ornamenten (siehe Vorlagebogen). Fertigen Sie dazu von jedem eine Schablone aus Pappe an, und übertragen Sie diese mehrfach auf Filz. Dann schneiden Sie Ihre Schmuckelemente aus und kleben sie nach Belieben auf die Kordel. Die Flasche erhält nun noch ein mit Porzellanperlen verziertes Lederbändchen, mit dem sie später am Lendenschurz befestigt werden kann. Jetzt steht dem Jagdausflug unseres Indianers nichts mehr im Wege!

# GLÜCKSBEUTEL

**Material:**
**1 rundes Stück Leder (26 cm Durchmesser), 1 rotes und 1 weißes langes Band (oder dicken Baumwollfaden), verschiedenfarbige Holzperlen, Bandreste, Lederlochzange, dicke Stopfnadel**

Dieser Beutel bringt Glück, denn in ihm bewahrt unser Indianer alle seine Schätze auf, die er auf der Jagd gesammelt oder von seinen Freunden geschenkt bekommen hat.
Lochen Sie das runde Leder mit der Zange an den im Vorlagebogen angegebenen Punkten. Fädeln Sie das rote und das weiße Band zusammen durch die Löcher, und verknoten Sie jeweils die Enden miteinander. Auf ein oder mehrere kurze Stücke Band fädeln Sie nun je zwei Holzperlen, knoten sie unterhalb einer Perle zusammen und befestigen sie mit dem anderen Ende an den Zugbändern des Beutels (eventuell noch andersfarbiges Band unten dazuknoten). Mit der einen Hand am roten, mit der anderen am weißen Band ziehen – der Beutel schließt sich und kann an den Lendenschurz gehängt werden.

# LENDENSCHURZ

**Material:**
**Ledergürtel,**
**starke Schere,**
**Lederlochzange,**
**2 Stoffreste**
**(je 35 x 35 cm),**
**Nähnadel,**
**Nähgarn,**
**Fellrest**

Anleitungen für das Herstellen einer Wasserflasche und eines Glücksbeutels haben wir auf den vorhergehenden Seiten gegeben. Diese kann unser Indianer nun auf seinen Streifzügen an den nun beschriebenen Lendenschurz hängen.
Schneiden Sie für den Schurz zuerst einen alten Ledergürtel auf die passende Länge zu. Falls er durch das Schneiden keine Löcher mehr zum Schließen aufweist, können Sie mit der Lederlochzange neue machen. Nähen Sie nun bei beiden Stoffteilen jeweils an der oberen Kante einen so breiten Hohlsaum, daß der ausgesuchte Ledergürtel problemlos durchgezogen werden kann, ohne später ständig zu verrutschen. Dann ziehen Sie den Gürtel in die beiden Säume ein. Zwischen den Stoffstücken nähen Sie an der einen Seite des herrausschauenden Gürtels ein Fellstück an und befestigen auf der anderen die Wasserflasche und den Glücksbeutel.

# MOKASSINS

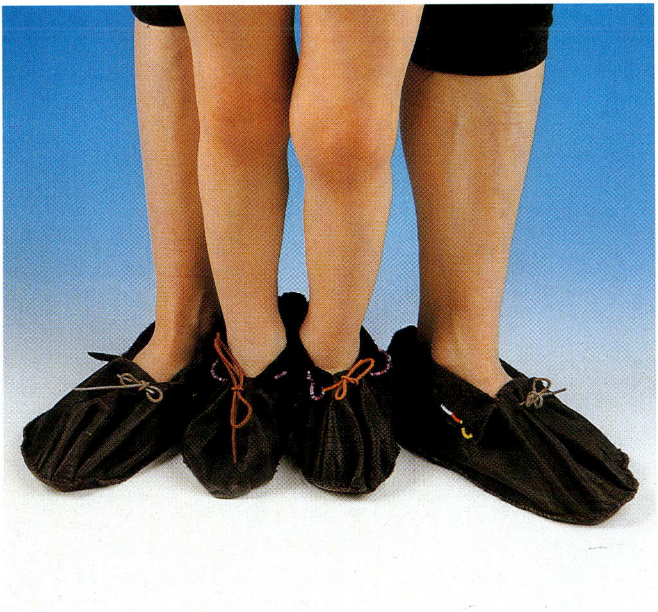

**Material:**
**weichgegerbtes schwarzes Leder, Ledernadel, Ledernähgarn, Nähnadel, Nähgarn, Schere, Lederlochzange, lange Lederkordel, verschiedenfarbige Indianerperlen**

Zum Nacharbeiten der Mokassins übertragen Sie die Vorlagen für die Schuhsohlen und die oberen Schuhteile (zur Auswahl in Größe 22/23 und Größe 38) vom Vorlagebogen auf das Leder, schneiden die Teile aus und an den Linien ein. Klappen Sie für einen Schuh das Oberteil deckungsgleich auf die Hälfte, und nähen Sie mit festem Ledernähgarn die Ferse zusammen (Naht innen). Das untere Ende der Naht verbinden Sie hinten mit der Sohle und nähen diese von da aus auf beiden Seiten bis zum Beginn der Zehen an. Die vordere Partie des Oberteils wird erst in Fältchen gelegt und dann angenäht. Lochen Sie jetzt das Oberteil jeweils an den angegebenen Punkten, und ziehen Sie die Lederkordel durch. Knicken Sie den Rand der Einschlupföffnung über das Band nach unten um. Der Mokassin ist fertig und kann nach Belieben mit kleinen Indianerperlen bestickt werden. Entwerfen Sie doch einmal selbst typisch indianische Perlenstickmotive.

# FRIEDENSPFEIFE

**Material:
1 Bambusstab
(35 cm lang),
1 Pappröhre
(8 cm hoch),
Kordel,
verschiedenfarbige
Holz-, Indianer-
und Porzellan-
perlen,
Weinkorken,
verschiedenfarbige
Federn,
Lederrest,
Baumwollfaden,
Wollreste,
Pritt Alleskleber,
Schere,
Messer**

Friedenspfeife rauchen war bei den Indianern eine heilige Handlung, über die sie versuchten, mit den Geistern Kontakt aufzunehmen. Wie auch der Federschmuck oder ebenso Pfeil und Bogen ist die Friedenspfeife ein typisches Utensil der Indianer.
Für den Pfeifenkopf werden mit der Scherenspitze zwei so große gegenüberliegende Löcher in die Pappröhre gebohrt, daß sich der Bambusstab hindurchschieben läßt. Den ganzen Pfeifenkopf sowie die Mitte und die vordere Spitze der Pfeifenröhre bestreicht man erst mit Pritt Alleskleber und umwickelt ihn dann rundherum mit Kordel. Auf einen Baumwollfaden werden in beliebiger Reihenfolge verschiedene Perlen sowie in Scheiben geschnittene Korken aufgefädelt, die Fadenreste unten an die Pfeife geknotet und an jede Korkscheibe eine Feder geklebt. Auf Nähgarn gefädelte Indianerperlen schmücken das Pfeifenrohr zusätzlich an zwei Stellen. Über das noch freie andere Rohrende kleben Sie als Mundschutz rundum einen schmalen Streifen Leder. Den Pfeifenkopf bestreichen Sie an beiden Seiten mit Kleber und legen darauf jeweils mit einem Wollfaden eine dekorative Spirale, deren Mitte eine Holzperle ziert.

# PFEILE, BOGEN UND KÖCHER

**Material:**
**biegsamer Ast für den Bogen (ca. 1 m lang), dünne Äste für die Pfeile (je 40 cm lang), Kordel, Lederreste, Papprolle (ca. 30 cm lang), Geschenkpapier, verschiedenfarbige Baumwollreste und Indianerperlen, Korkscheiben, Pritt Alleskleber, Schere, Messer, Kerzenwachs**

**Tip: Streichen Sie die Kordel mit Kerzenwachs ein, damit sie schön glatt wird**

Pfeil und Bogen sind das Wichtigste für einen Indianer! Unser Bogen besteht aus einem biegsamen, dickeren Ast. Etwa 7 cm unterhalb der beiden Astenden wird mit dem Messer jeweils rundherum eine Kerbe eingeritzt, das Ende einer Kordel um die Kerbe geknotet und der Ast zum Halbrund gebogen. Dann knoten Sie das andere Kordelende so um die zweite Kerbe, daß die Kordel straff gespannt ist. Zur Verzierung wickeln Sie je zwei verschiedenfarbige Baumwollfäden zusammen um die Bogenenden und kleben Sie an. Um die Astmitte wickeln Sie als Handgriff einen Lederstreifen, dessen Enden fransig geschnitten und festgeklebt werden. Jetzt können Sie den Bogen noch mit Perlen verzieren und die freien Aststellen mit Schnitzerei versehen. Gerade, dünne Äste bilden unsere Pfeile, an deren einem Ende wir jeweils eine Kerbe schnitzen. Eine größere Vogelfeder, die man im Freien finden kann, wird neben der Kerbe angeklebt und mit farbiger Wolle umwickelt. Die Pfeilspitze versieht man vor dem Schießen zum Schutz mit einer Korkscheibe.
Für den Köcher bekleben Sie die Papproöhre rundherum mit Geschenkpapier und schließen sie an der einen offenen Seite mit einem runden Stück Leder. Als Tragriemen zum Umhängen flechten Sie drei Kordeln zu einem dicken Zopf, dessen Enden jeweils oben und unten um den Köcher geknotet werden.

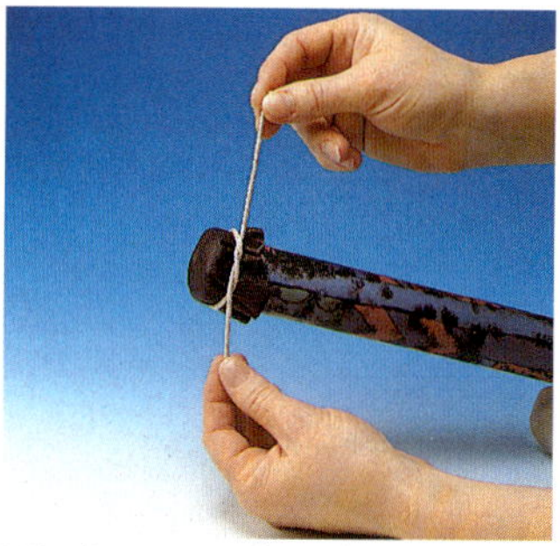

**Mit einem Stück Leder eine der Köcheröffnungen fest mit einer Kordel verschließen**

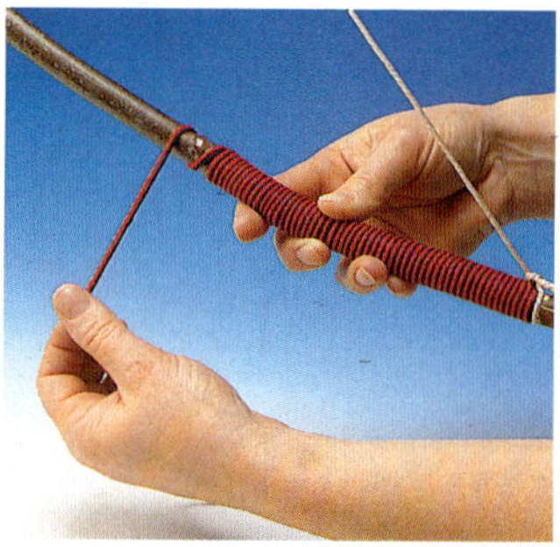

**Baumwollfäden ganz dicht um den Astbogen wickeln und ankleben**

# TROMMEL

**Material:
Kunststoffeimer,
2 Kochlöffel,
verschiedenfarbiges Klebeband,
2 runde Leder- oder Stoffreste (Durchmesser je ca. 20 cm),
Watte,
Lederband oder Kordel,
Schere**

Rhythmische Klänge, Gesänge und Tänze sind ein bedeutender Bestandteil der indianischen Kultur. Sie dürfen nicht fehlen, wenn etwa wichtige Ereignisse wie ein erfolgreicher Jagdzug zu feiern sind oder wenn böse Geister ausgetrieben werden sollen. Das wesentlichste Musikinstrument dabei ist die Trommel.

Zum Nachbasteln unserer Trommel nehmen Sie einfach einen ausgedienten Plastikeimer und entfernen den Metallgriff. Dann übertragen Sie vom Vorlagebogen die Muster zum Verzieren auf farbiges Klebeband, schneiden sie aus und setzen sie nach Belieben auf die Trommel. Als Schlegel dienen zwei Kochlöffel, deren Rührflächen jeweils mit Watte gut ausgepolstert wurden. Über die Watte ziehen Sie ein Stück rundes Leder oder runden Stoff, das unterhalb der Rührfläche am Stielansatz mit Lederband oder Kordel zusammengebunden wird.

# NUSSRASSEL

**Material:**
**30 halbe Nuß-schalen,**
**45 verschieden-farbige Holzperlen,**
**Nylonfaden,**
**1 dicker Ast (15 cm lang),**
**Kordel,**
**Handbohrer,**
**Pritt Alleskleber,**
**Schere**

Begleitet von den Schlägen der Trommel tanzen unsere Indianer und lassen dabei ihre Nußrasseln laut im Takt dazu klappern.

Zum Nachbasteln einer Rassel bohren Sie mit dem Handbohrer in die Mitte aller 30 halben Nußschalen ein kleines Loch. Nun fädeln Sie fünfmal je sieben Holzperlen, dann sechs Nußschalen sowie nochmals drei Holzperlen auf je ein Stück Nylonfaden auf. Durch das vordere Ende des Astes bohren Sie ebenfalls ein kleines Loch. Alle Nylonfäden ziehen Sie nun einzeln so hindurch, daß die fünf Holzperlen nach unten hängen. Danach wird nochmals je eine Holzperle oberhalb des Astes auf den aus dem Loch hervorschauenden Nylonfaden gefädelt, der Faden durch das Loch im Ast wieder zurückgeführt und fest angezogen. Zum Schluß streichen Sie die spätere Griffstelle des Astes mit Pritt Alleskleber ein und umwickeln sie eng mit Kordel.

# MAGISCHES AUGE

**Material:**
**1 Ast (45 cm lang),**
**1 Ast (35 cm lang),**
**verschiedenfarbige Wollreste,**
**Indianerperlen,**
**Glöckchen,**
**Schere,**
**Perlennadeln,**
**Nähgarn,**
**Pritt Alleskleber**

Angst hat manchmal auch ein großer Krieger, selbst wenn es heißt: „Ein Indianer kennt keinen Schmerz." Um die bösen Geister zu vertreiben, hängt deshalb in jedem Tipi ein Magisches Auge.

Beginnen Sie vom Mittelpunkt des Stockkreuzes aus die Fäden zu spannen – immer gleichmäßig und im Uhrzeigersinn von einem Ast zum nächsten. Dabei muß der Faden jeweils einmal um jeden Ast herumgewickelt werden. Die Größe des Musters und die Farbfolge der Fäden können Sie selbst bestimmen. Die Holzenden, die dann noch herausschauen, umwickeln Sie mit bunten Fäden und verzieren Sie mit kleinen Indianerperlen und Glöckchen. Als weiteren Schmuck können Sie Knöpfe, Muscheln oder Federn anbringen, je nachdem, was sich gerade in der „Indianerkiste" befindet.

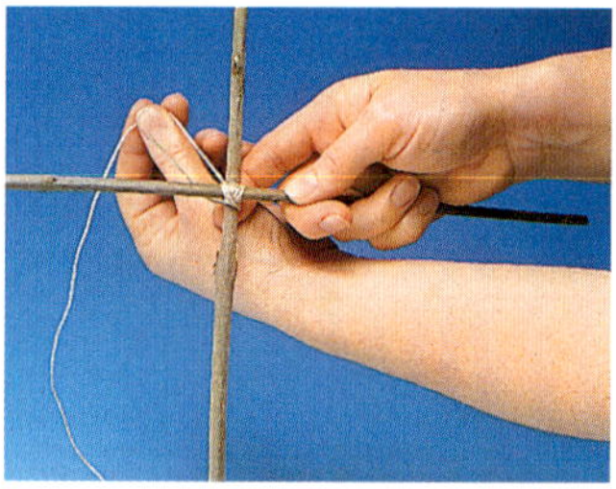

**Zuerst werden die beiden Äste zu einem Kreuz gelegt und dann zusammengebunden**

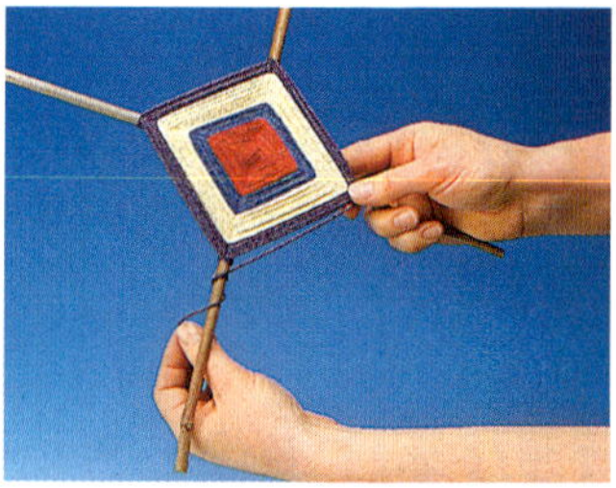

**Von Ast zu Ast möglichst straff gespannt und dicht an dicht die Fäden ziehen,...**

**...dabei jeden Ast einmal mit dem Faden umwickeln**

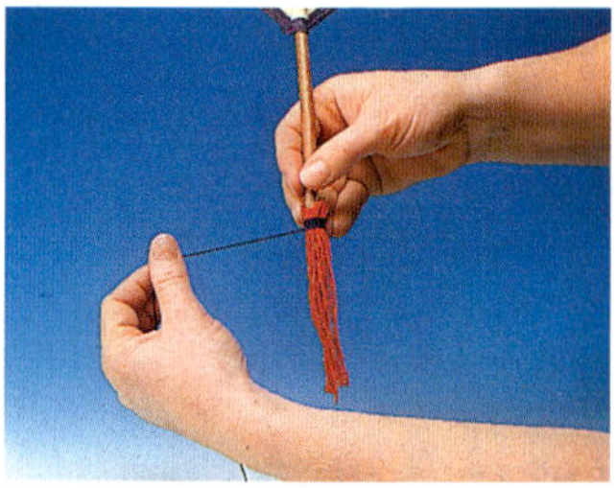

**An allen Astenden Fransen jeweils mit einem Faden befestigen**

# FÜR KLEINE SQUAWS

**Material:
langes T-Shirt,
viele Reststreifen
Leder für die
Fransen (mindestens je 6 bis 8 cm
breit),
dunkler und heller
Lederrest für das
Adleremblem,
lange Lederbänder
für den Gürtel,
Indianerperlen,
Porzellanperlen,
Federn,
Ledernadel,
Nähnadel,
Nähgarn,
Schere,
Pritt Alleskleber,
Milchzahn, kleiner
Knochen oder
Fundstücke vom
letzten Spaziergang**

Zuständig für den reibungslosen Ablauf des Alltags in einem Indianerdorf waren die Squaws, die Indianerfrauen, die auch die meisten handwerklichen Tätigkeiten verrichteten. Sie kümmerten sich um das Essen und die Kindererziehung, besorgten Wasser und Holz und waren verantwortlich für das Auf- und Abbauen der Tipis. Außerdem bearbeiteten sie die Häute der erlegten Tiere und webten Stoffe für die Kleidung.

Das Kleid einer Squaw bestand zum größten Teil aus gegerbtem Leder, das mit Tiersehnen zusammengenäht und mit vielen Fransen, Lederbändern und Perlen geschmückt wurde. Für die Herstellung unseres Kleides brauchen wir ein langes T-Shirt, das folgendermaßen verziert wird:

Zunächst schneiden Sie aus den Lederstreifen die Fransen für den unteren Abschluß sowie für den Brustbereich des Kleides zu und nähen diese mit einer Ledernähnadel auf dem T-Shirt an den entsprechenden Stellen an. Schneiden Sie für das Adleremblem einen Kreis von 7 cm Durchmesser aus dem dunklen Lederrest sowie einen kleineren (Durchmesser 5 cm) aus dem helleren Lederrest zu. Kleben Sie den kleinen Kreis in die Mitte des größeren, und sticken Sie auf der punktierten äußeren Linie (siehe Vorlagebogen) des dunklen Kreises verschiedenfarbige Indianerperlen auf. Das Motiv des Innenkreises wird mit Filzstiften aufgemalt. Das fertige Adleremblem nähen Sie nun unterhalb der schräg zulaufenden Brustfransen an das T-Shirt. Nach Belieben können Sie hier noch einen ausgefallenen Milchzahn, sauber geputzte kleine Tierknochen oder ähnliches anbringen. Im unteren Teil des T-Shirt werden zusätzlich noch lange Lederbänder angenäht, auf die sie in beliebigem Abstand voneinander Porzellanperlen fädeln, die jeweils von einem Knoten darunter gehalten werden. Das Kleid ist nun fertig – die Squaw kann sich jetzt noch mit einem Perlenarmband und einem Stirnband schmücken.

# INDIANERPUPPE

**Material: Leinenstoff für den Körper (40 x 40 cm), für die Arme (40 x 10 cm) und für den Kopf (ca. 25 x 25 cm), buntbedruckter Stoff für das Kleid (60 x 25 cm), kleines Wollknäuel, Wollreste für die Haare, Stoffreste oder Watte zum Ausstopfen, Lederband, verschiedenfarbige Porzellanperlen, Nähnadel, Stopfnadel, Nähgarn, Schere, Bleistift, Filzstifte, kleine Feder**

Schneiden Sie die Stoffteile für das Kleid, den Körperrumpf und die Arme (siehe Vorlagebogen) sowie für den Kopf zu, nähen Sie sie rechts auf rechts zusammen, und wenden Sie sie. Den Stoff für den Kopf über das Wollknäuel legen, ihn darunter möglichst faltenfrei zusammenbinden und oben mit dem Bleistift einen Scheitel zeichnen. Für die Haare Wollfäden mit Spannstichen jeweils vom Scheitel bis zum „Ohr" ansticken, die freien Wollenden zu Zöpfen flechten. Das Gesicht erst mit Blei-, dann mit Filzstiften aufmalen, Körper und Arme mit Stoffresten oder Watte ausstopfen. Die Arme schließen und durch die Öffnungen im Körper ziehen, den Kopf von innen gut am Halsausschnitt des Körpers festnähen. Aus einem schmalen Stoffrest des Kleides ein Stirnband anfertigen, es um den Kopf binden und hinten die Feder hineinstecken.

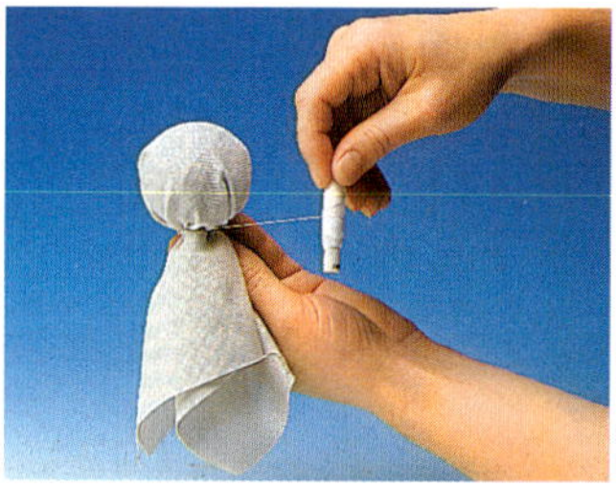

**Für den Kopf den Stoff knapp unterhalb des Wollknäuels zusammenbinden**

**Die Wollhaare mit langen freien Enden für die Zöpfe am Kopf ansticken**

**Zum Schluß der Puppe ihr Kleid anziehen und ein mit Porzellanperlen verziertes Lederband als Gürtel umbinden**

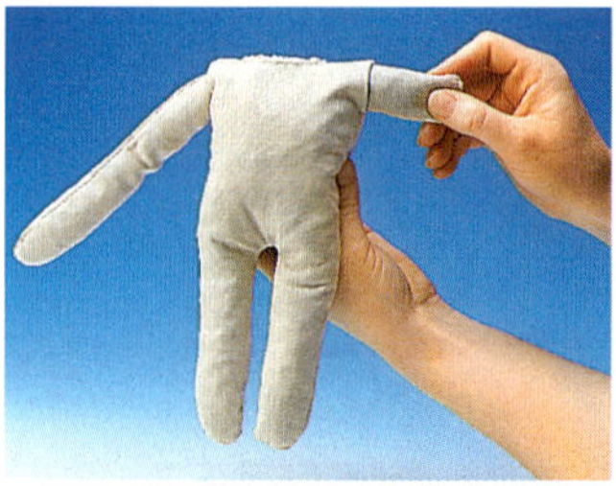

**Arme quer durch beide Armöffnungen im Körper ziehen**

**So sieht die fertige Indianerpuppe ohne ihr Kleid aus**

# TIPI

**Material:**
**4 Holzstangen (je 40 cm lang),**
**5 Holzstangen für die Querverstrebungen (je 85 cm lang),**
**Stoff,**
**Kordel,**
**Nähgarn,**
**1 Druckknopf,**
**Nähnadel,**
**Schere**

Bekannt ist diese Zeltbehausung der Indianer als „Tipi", bei manchen Stämmen auch „Wigwam" genannt. Das Wohnen in Tipis war bei den Prärieindianern üblich, die den Büffelherden folgten und die Zelte auf die Reise mitnahmen. Andere Stämme mit festem Wohnsitz lebten in Erd-, Holz-, Lehm- oder Rindenhütten. Das Tipi bestand aus langen Holzstangen, die zu einem Kreis zusammengestellt und mit Bisonhäuten bedeckt wurden. An der Spitze blieb eine Öffnung frei, damit der Rauch von der Feuerstelle abziehen konnte.
Für unser Tipi verwenden wir natürlich keine Bisonhäute, sondern Stoff. Suchen Sie die passenden Stangen aus, stellen Sie sie zu einem Kreis auf, und binden Sie sie oben, wo sie sich kreuzen, mit Kordel zusammen. Der Stand des Tipis wird sicherer, wenn Sie unten noch Querverstrebungen von einer Stange zur anderen anbringen. Übertragen Sie nun den Schnitt für eine Zeltbahn fünfmal auf den Stoff. Schneiden Sie die Teile aus, und nähen Sie sie rechts auf rechts zu einer Plane zusammen. An deren oberen Ecken wird zum Verschließen ein Druckknopf angebracht. Die Größe des Tipis läßt sich nach Belieben variieren. Unser Modell ist für die Indianerpuppe gedacht.

**Das Gerüst wird erst oben mit Kordel zusammengebunden**

**Querverstrebungen sorgen zusätzlich für einen sicheren Stand**

# NATURWEBRAHMEN

**Material:**
**2 gerade Äste (je 70 cm lang), Kordel, duftende Gräser und Blumen, Schere**

Stoffe für ihre Kleidung und ihre Decken haben die Indianer auf großen Webrahmen selbst hergestellt. Unser Rahmen wird ähnlich gearbeitet und dient uns dazu, das Weben zu lernen. Allerdings fertigen wir hier keine Kleidung an, sondern verarbeiten Naturmaterialien zu einer schönen und duftenden Raumdekoration.

Suchen Sie sich zwei möglichst gerade Äste für den Webrahmen aus. Knoten Sie dann jeweils im Abstand von 10 cm die Enden gleich langer Stücke Kordel an einem Ast fest (hier je fünf 80 cm lange Kordeln). Die anderen Enden werden genau gegenüber den ersten Knoten an den zweiten Ast gebunden. Jetzt können duftende Gräser und Blumen nach Belieben eingewebt werden. Als Aufhängung für den Rahmen dient je eine rechts und links am oberen Ast angeknotete Kordel. Wenn man ganz bestimmte Blumen an ganz bestimmten Stellen einwebt, kann man schöne Muster erzielen.

# KÖRBCHEN

**Material:**
**frisches Schilfgras oder andere feste Gräser, frische Maisblätter (oder Bast), etwas dünne Kordel, Wollreste, Schere**

Alle hier gezeigten Körbchen wurden auf die gleiche Art und Weise, jedoch aus verschiedenen Materialien angefertigt.
Das Gerüst eines jeden Körbchens bildet ein Stern, dessen acht Strahlen aus Gräserstengeln bestehen und dessen Mittelpunkt mit einer dünnen Kordel zusammengeflochten wird. (Soll das Körbchen breiter werden, nehmen Sie entsprechend mehr Gräserstrahlen.) Flechten Sie nun die Mais- und Gräserblätter oder neue Halme um die Strahlen herum, jeweils abwechselnd einmal darunter und einmal darüber. Der Anfang und das Ende eines jeden Grases müssen einander dabei immer ein Stück überlappen. Die gewünschte Körbchenform erzielen Sie dadurch, daß Sie die Gräser oder Blätter fester oder lockerer flechten. Hat das Körbchen seine gewünschte Höhe erreicht, schneiden Sie die Strahlen über dem Rand ab und flechten Kordel oder farbige Wolle als dekorativen Abschluß um die Enden.

# FISCHESPIEL

**Material:**
**Blechdose mit Deckel, Klebefolie, 24 flache Steine (Kieselsteine), rote und grüne Plakafarbe, schwarzer Filzstift, Klarlack, Pinsel, Schere**

Eine Dose Fisch gibt es nun – aber nicht zum Essen, sondern zum Spielen und das am besten im Freien!
Das Spiel ist sehr einfach herzustellen. Zuerst suchen Sie die Spielsteine für die Fische, die Sie an einem Seeufer oder in einem Flußbett finden können. Nachdem sie gesäubert und getrocknet sind, malen Sie je zwölf Steine grün und rot an. Während diese trocknen, fertigen Sie die Dose an, in der die Steine aufbewahrt werden. Dafür umkleben Sie eine Blechdose mit farbiger Klebefolie und verzieren den unteren Rand mit den Fischmotiven, die Sie vom Vorlagebogen auf andersfarbige Klebefolie oder auch breites Klebeband von der Rolle übertragen können.
Auf die getrockneten Steine werden nun jeweils mit einem schwarzen Filzstift auf der Vorderseite das Gesicht und auf der Rückseite die Schuppen des Fisches aufgemalt. Damit die Farbe nicht verwischt, wird er zum Schluß mit Klarlack überzogen.

**Spielanleitung:** Auf die Erde oder in den Sand mit einem Stöckchen einen so großen See zeichnen, daß alle Fische hineinpassen. Wird im Zimmer gespielt, kann man den See auch auf ein großes blaues Papier aufmalen, oder die Umrisse mit einer Schnur legen. In einem bestimmten Abstand einen Punkt markieren, von dem aus alle Spielteilnehmer ihre Fische in den See werfen. Dann kann es schon losgehen.

**Spielregeln:** Ein Spieler spielt mit den roten, einer mit den grünen Fischen. Geworfen wird immer abwechselnd. Ziel des Spieles ist es, möglichst viele Fische mit dem Gesicht nach oben in den See zu werfen. Je nachdem wie die Fische liegen, werden die Punkte verteilt: Ist das Gesicht des Fisches im See zu sehen, gibt es zwei Punkte, liegt er mit dem Rücken nach oben, gibt es nur einen Punkt. Wird der See überhaupt nicht getroffen und der Fisch liegt auf dem Trockenen, gibt es gar keinen Punkt.
Das Spiel ist auch für mehrere Teilnehmer geeignet. Sie müssen es dafür nur mit Fischen in anderen Farben ergänzen.

# SCHÖNES HOBBY

ISBN: 3-8068-**5249**-9

ISBN: 3-8068-**5250**-2

ISBN: 3-8068-**5251**-0

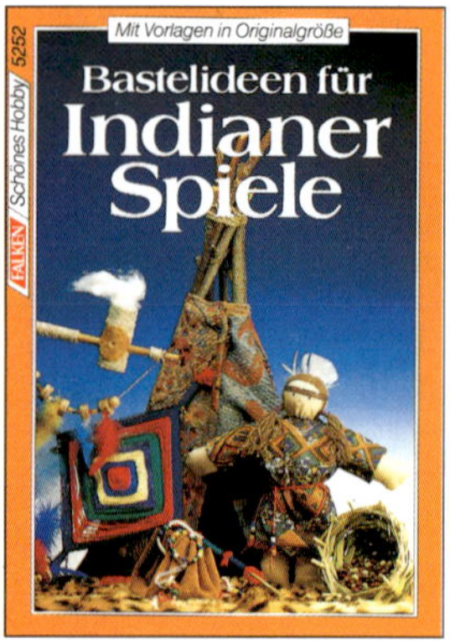


ISBN: 3-8068-**5252**-9

ISBN: 3-8068-**5253**-7

ISBN: 3-8068-**5254**-5

FALKEN